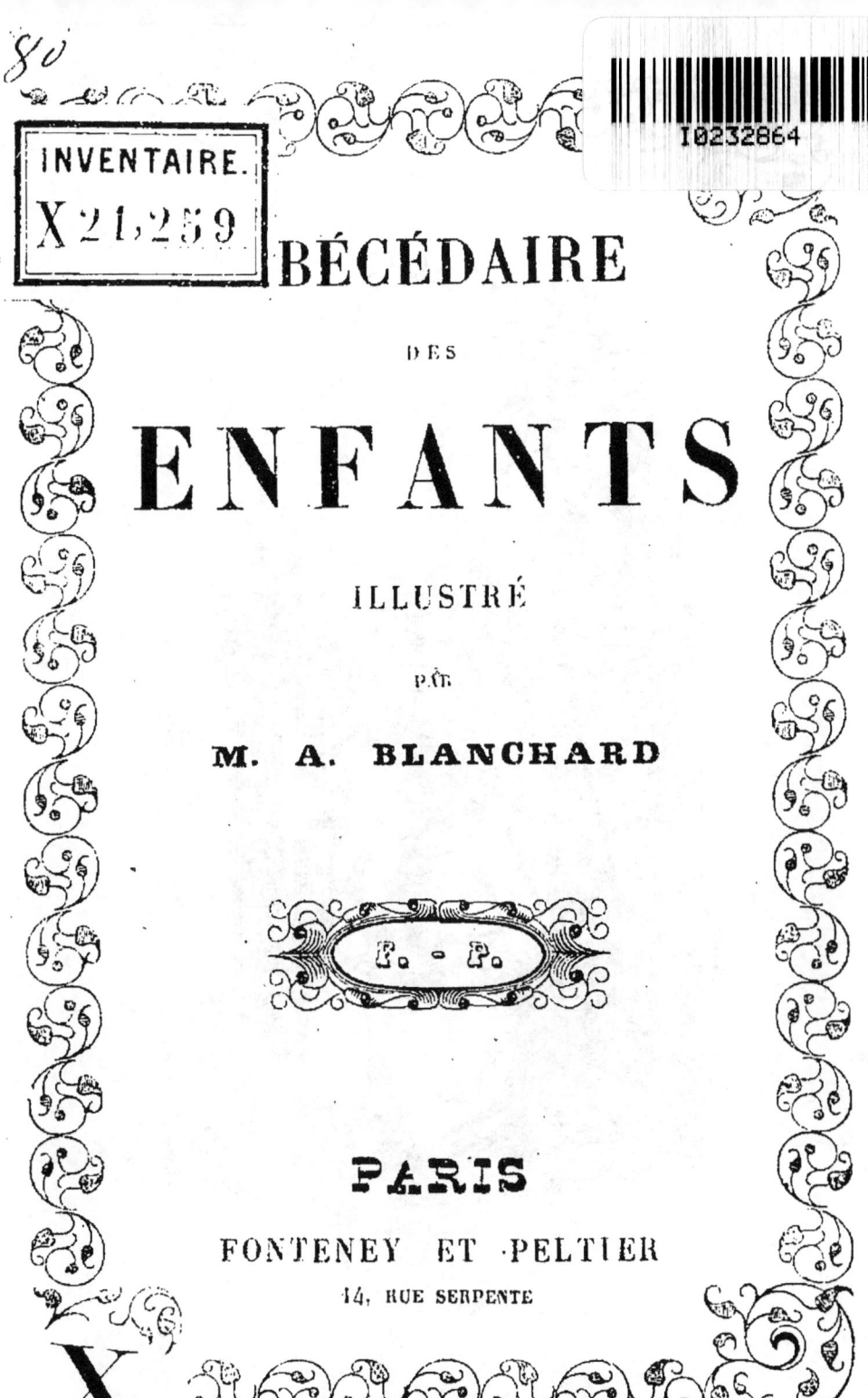

BÉCÉDAIRE
DES
ENFANTS
ILLUSTRÉ
PAR
M. A. BLANCHARD

PARIS
FONTENEY ET PELTIER
14, RUE SERPENTE

ABÉCÉDAIRE

DES

ENFANTS

ILLUSTRÉ

PAR

M. A. BLANCHARD

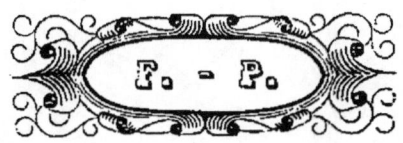

PARIS

FONTENEY ET PELTIER

14, RUE SERPENTE

1849

A B C

D E F

G H I J

K L M

N O P

Q R S

T U V

X Y Z

ALPHABET EN CARACTÈRE ROMAIN.

a b c d e

f g h i j

k l m n o

p q r s t

u v x y z

ALPHABET EN CARACTÈRE ITALIQUE.

a   b   c   d   e
f   g   h   i   j
k   l   m   n   o
p   q   r   s   t
u   v   x   y   z

VOYELLES.

a   e   i   o   u   y
é   à   è   «   «   «
â   ê   î   ô   û   «
æ   œ   œ   œ

MAJUSCULES ANGLAISES.

A B C D
E F G H I
J K L M
N O P Q
R S T U
V X Y Z

ba	be	bi	bo	bu
ca	ce	ci	co	cu
da	de	di	do	du
fa	fe	fi	fo	fu
ga	ge	gi	go	gu
ha	he	hi	ho	hu
ja	je	ji	jo	ju
ka	ke	ki	ko	ku
la	le	li	lo	lu

ma	me	mi	mo	mu
na	ne	ni	no	nu
pa	pe	pi	po	pu
qua	que	qui	quo	qu
ra	re	ri	ro	ru
sa	se	si	so	su
ta	te	ti	to	tu
va	ve	vi	vo	vu
xa	xe	xi	xo	xu
za	ze	zi	zo	zu

le, la, les, mon, ma, mes, ton, ta, tes, son, sa, ses, un, une, notre, votre, nous, vous, moi, toi, nos, vos, lui, leur, ce, cet, ces, je, tu, il, elle, eux, plus, bien, très, fort.

Pa pa ma man.

Pe tit en fant.

Ma tin bon jour.

Cou cher bon soir.

En paix dor mir.

É pi de blé.

Oi seau jo li.

Mé dor a mi.

Mai son blan che.

Châ teau beau.

Jou jou ca deau.
Bon bon su cré.
Mou ton gen til.
Pro me na de plai sir.
Jar din fleu ri.
La mer pro fon de.
Le vent du nord.
L'a zur du ciel.
L'a mour de Dieu.
Le bon se cours.

L'é toi le bril lan te.

La lu ne ar gen tée.

Le so leil res plen dis sant.

L'o ra ge af freux.

Le ton ner re gron dant.

Les mois sons dé trui tes.

Le la bou reur dé so lé.

Le pau vre hon teux.

Le ciel pro pi ce.

Es poir en Dieu.

L'hi ron del le a gi le.

La mou che im por tu ne.

Le li on gé né reux.

Le chi en fi dè le.

Le che val u ti le.

La sou ris nui si ble.

La four mi di li gente.

La bi che ti mi de.

Le tau reau ro bus te.

L'â ne pa res seux.

L'a gneau qui bê le.

Le se rin qui chan te.

Le mar chand qui crie.

Le voy a geur qui mar che.

L'é tran ger qui ar ri ve.

Le pa pil lon qui vo le.

Le ver qui ram pe.

Le chat qui é gra ti gne.

Le vent qui sif fle.

Le li on qui ru git.

Le chant du ros si gnol.

Le nid de la fau vet te.

Le mur mu re du ruis seau.

L'é clat du jour.

La splen deur des as tres.

La gran deur de Dieu.

La paix et l'a mour.

ANGE.

Tous les petits enfants ont un ange gardien, un bon ange qui les aime et les protége.

Quand un enfant est sage et

studieux, le bon ange se tient auprès de lui et le couvre de ses ailes.

Quand il est désobéissant ou paresseux, le bon ange triste s'éloigne, et l'enfant est malheureux.

BLUET.

Le bluet est une fleur très-jolie qui vient dans les champs, dans les blés.

Les petits enfants en font des

couronnes qu'ils mettent sur leur tête.

Ces couronnes augmentent leur gentillesse et les embellissent.

Mais pour avoir des couronnes de bluets, il ne faut pas marcher dans les champs, ni fouler aux pieds le blé.

CHAT.

Bonne Maman, le chat s'amuse avec ton peloton de fil et le déroule.

Ma petite fille, attrape le

chat, ôte lui mon fil et empêche-le de le mêler.

Allons, Mimi, finissez vos gentillesses, laissez le fil à bonne maman, sinon je vais prendre des verges et vous corriger.

DOUCEUR.

Lise possède un petit agneau doux et tendre comme elle. Elle lui a attaché au cou un ruban rose, et chaque jour elle le mène paître dans la prairie.

Viens, lui dit-elle, viens, je vais te cueillir de l'herbe fraîche : tiens, mange.

Et le petit agneau bondissant de joie s'approche de sa jolie maîtresse, et du bout de ses lèvres prend l'herbe qu'elle lui présente.

ÉCOLE.

Pourquoi ce petit garçon a-t-il l'air si honteux et si triste? Pourquoi est-il à genoux?

Ce petit garçon est en pénitence.

Pourquoi a-t-il des oreilles si longues?

On les lui a mises parce qu'il n'apprend rien, parce qu'il n'étudie pas. Ce sont des oreilles d'âne.

Si on mettait ainsi des oreilles d'âne à tous les paresseux, beaucoup n'en ont pas qui en porteraient.

FAUCHEUR.

Tous les matins quand nous venons nous promener ici, nous voyons de jolis oiseaux qui voltigent et qui chantent.

Papa nous a dit qu'ils doivent avoir leur nid en cet endroit. Jean, l'avez-vous trouvé?

Oui, Mademoiselle, le voici.

O mon Dieu, j'entends le père et la mère qui se lamentent et jettent des cris !

Leurs petits commencent à avoir des ailes, il faut les leur rendre : volez, allez, petits, retrouver votre papa et votre maman.

GLANEUR.

La chaleur est excessive; les blés sont mûrs; les moissonneurs joyeux chargent les gerbes dans leur charrette traînée par des bœufs.

La moisson a été abondante; comme dans les champs de Booz, les moissonneurs ont laissé tomber de nombreux épis, et comme Ruth, de pauvres petits glaneurs les ramassent, afin d'avoir de quoi manger pendant l'hiver.

HIRONDELLE.

Petit oiseleur, veux-tu me vendre tes hirondelles?

Avec plaisir, Mademoiselle. Les hirondelles aiment mieux ne pas vivre que de vivre

captives. Elles meurent quand on les retient en cage.

Vends-les-moi donc, que je leur donne la liberté.

Allez, petites hirondelles; allez, volez dans les airs, vous voilà libres. Si vous passez jamais au-dessus de la demeure de quelque prisonnier triste, reposez-vous à sa fenêtre, que vos doux gazouillements ramènent un peu de joie dans son cœur désolé.

IMAGE.

Le livre que tu m'as acheté, maman, a-t-il des images?

Oui, ma fille, et de bien

jolies. Viens près de moi que je te les montre.

C'est vrai, maman, elles sont bien belles; les histoires qui les accompagnent sont-elles aussi intéressantes?

Lisons ensemble, mon enfant, et tu me diras ensuite comment tu les auras trouvées.

Elles sont ravissantes, mère.

JOUETS.

Un bon papa qui aime beaucoup ses petits enfants et qui veut leur être agréable, leur a acheté de très-beaux jouets. Il les leur apporte.

Aussitôt que les enfants l'aperçoivent, ils s'écrient tous en même temps :

— A moi, bon papa; mon bon papa, à moi.

— Oui, mes petits enfants, oui, vous en aurez tous. Je connais vos goûts, vous serez satisfaits. Vous avez été sages, vous travaillez bien; voilà votre récompense.

Et il fait ensuite la distribution.

KIOSQUE.

Où faut-il nous placer pour faire la dînette?

Asseyons - nous sur cette herbe tendre; sur ce gazon

parsemé de petites fleurs rosées.

Mettons-nous plutôt sous ce joli berceau ombragé de pampres verts, sous ce kiosque élégant.

Qu'on est bien ici. Il faudra que nous soyons sages tous les jours, afin d'obtenir la permission de venir de temps en temps y reposer.

LOUP.

Quel est cet animal dont le museau est pointu, dont les flancs sont allongés et qui ouvre une grande gueule sanguinolente?

C'est un loup. Il va dévorer ces trois enfants!

Non, car le petit garçon courageux, armé de sa serpe, s'avance au-devant de ses sœurs pour les protéger, et le loup, dont l'œil en feu voit briller le fer qui le menace, a peur et s'éloigne.

MENDIANT.

-<⚬>-

La nuit descend froide et humide.

Vois donc, maman, ce petit mendiant avec sa sœur assis

contre le mur du jardin de l'hôtel. Ils seront bien malheureux, s'ils restent là longtemps ce soir.

Maman, je t'en prie, dis-leur qu'ils se lèvent et attendent. Nous allons rentrer. Voudras-tu me permettre d'envoyer Pierre leur apporter ce dont ils ont besoin ?

— Oui, ma fille, je te le permets. Embrasse-moi, tu as un bon cœur.

NONCHALANCE.

Autant un enfant studieux est aimable; autant celui qui n'apprend pas bien et n'étudie pas, donne du tourment et mécontente.

Héloïse est nonchalante, il faut toujours la reprendre, toujours être après elle. Ses défauts rendraient ses parents bien malheureux si elle n'avait un petit frère très-appliqué, qui leur donne toutes sortes de joies et de satisfaction.

ORGUES.

Maman, viens donc voir cet homme qui fait de la musique; il porte un petit enfant assis sur ses orgues.

— Je le connais, ma fille,

il a l'air très-honnête, et son petit enfant est très-beau.

— C'est ce qui fait que tout le monde lui donne.

— Tu peux faire comme tout le monde.

— Tu me le permets, mère; alors je vais lui donner une belle pièce de cinq sous toute neuve.

— Une pièce de cinq sous, c'est beaucoup, Blanche. En la donnant, tu n'as qu'elle, tu donnes tout.

— Cela ne fait rien, maman; j'en gagnerai une autre par ma sagesse et mon application.

PANTIN.

Voilà un petit garçon qui fait sauter des pantins. Le voilà maintenant qui prend un sifflet, un tambour, et avec une ficelle attachée à sa jambe, fait danser des marionnettes.

Comme c'est drôle ! c'est très-gentil.

Ce pauvre enfant n'est pas riche. Il est tout jeune et fait ce qu'il peut pour gagner sa vie.

Adèle, donnons-lui quelque chose. Je le veux bien ; tiens, pour nous deux, donnons-lui deux sous ; chacun un.

QUÊTE.

Une pauvre femme est assise sur un banc de pierre, exténuée de fatigue et de besoin. Une petite fille s'approche d'elle, et lui tendant une bourse pleine d'argent ;

Tenez, lui dit-elle, Madame, j'ai prié ma mère et mes bonnes amies de vous venir en aide; j'ai fait une quête pour vous; voici ce que j'ai amassé; prenez-le.

Et la pauvre femme recevant cette offrande, remercie la petite fille de sa charité.

RAMONEUR.

Un petit garçon et une petite fille sont arrêtés devant un ramoneur.

Le petit garçon lui adresse

la parole : Eh bien! lui dit-il, Jacques; la besogne a-t-elle été un peu aujourd'hui? as-tu travaillé?

— Non, monsieur Gustave, non, les beaux jours arrivent, les froids s'en vont; on ne fait pas de feu et les cheminées n'ont plus besoin de nous.

Je vais retourner dans notre montagne; je vais aller revoir ma mère.

—Ta mère qui pleure de ne pas te voir?

Avant de partir, Jacques, tu passeras à la maison.

SOMMEIL.

— Ton petit frère dort-il, Laure?
— Non, maman, il ne paraît pas même en avoir envie, il ouvre ses beaux yeux et te regarde.

Dors, mon petit Séraphin, dors; ta sœur veillera sur toi pendant ton sommeil.

Oui, mon petit frère, sois gentil, fais dodo.

Et la petite sœur courbant son joli front sur la tête de son frère, se mit à le bercer sur son cœur pour l'endormir.

TAPAGE.

Allons donc, petits enfants; vous vous amusez trop bruyamment : vous faites trop de tapage.

On ne vous empêche pas de jouer; mais il faut le faire avec modération. En sautant, courant et vous précipitant ainsi les uns sur les autres, vous pouvez vous faire mal.

Voyons, allez doucement. A la bonne heure, vous êtes bien doux, bien tranquilles. Jouez ainsi et nous vous aimerons beaucoup.

UNION.

Rien n'est gentil comme de voir des enfants vivre en bonne intelligence, dans une cordiale union.

Les enfants qui se querellent et se chagrinent, ne sont pas des enfants aimables ; ils font mal et causent de la peine à leurs parents.

Aimez-vous donc les uns les autres, mes petits enfants. Votre vie qui commence peut devenir plus tard orageuse et pénible, donnez-vous la main afin de vous soutenir mutuellement.

VIELLE.

Un petit sou, mon bon monsieur; un petit sou, ma belle demoiselle, s'il vous plaît. Ainsi parlait un petit Savoyard s'adressant à deux riches et jolis enfants.

Il leur a demandé un petit sou, et pour l'obtenir s'est mis à gambader et à jouer gaîment de la vielle.

Et les enfants tirant aussitôt leur bourse, lui ont donné, non pas seulement un petit sou, mais tout ce qu'elle contenait.

XYSTE.

Après le jeu, le travail, et alternativement après le travail, le repos, le jeu.

Les exercices du corps délassent l'esprit, donnent de la vigueur à l'âme, de la souplesse aux membres.

Comme chez les anciens, les athlètes rassemblés dans le Xyste, disputaient d'adresse et de vigueur; ainsi les enfants, afin de devenir adroits et robustes, doivent rivaliser de courage et d'agilité.

YOLE.

Le ciel est bleu; un vent doux et léger enfle la voile d'une yole légère. Elle flotte et côtoie le bord d'un petit lac.

A l'avant est une jeune et jolie petite fille; à l'arrière un gentil garçon, son frère, qui tient le gouvernail.

Cette promenade sur l'onde est une récompense de leur sagesse. Quand ils ont bien travaillé, comme délassement ils vont ainsi voguer sur l'eau.

ZÉRO.

Eugène, combien as-tu mis de zéros en écrivant mille?

— Trois, papa.

— Très-bien. Maintenant dis-moi combien il y a de jours dans la semaine?

— Sept.

— Nomme-les.

— Lundi, mardi, mercredi, jeudi, vendredi, samedi, dimanche.

— Et combien de mois dans l'année?

— Douze.

— Qui sont?

— Janvier, février, mars, avril, mai, juin, juillet, août, septembre, octobre, novembre, décembre.

— Encore très-bien.

Une petite fille comptait les sous qu'elle avait dans sa bourse. Sa mère la contemplait pleine de sensibilité et d'affection.

— Marie, lui dit-elle, à qui destines-tu tous ces sous que tu amasses?

— Aux pauvres, ma mère.
— Et tu leur donneras tout?
— Tout.
— Combien en as-tu?
— Seize.

Voyons, compte-les.

Un, deux, trois, quatre, cinq, six, sept, huit, neuf, dix, onze, douze, treize, quatorze, quinze, seize.

— Connais-tu aussi bien tes chiffres.
— Oui, maman.
— Voyons :

CHIFFRES ARABES.

1   2   3   4   5

6   7   8   9   0

CHIFFRES ROMAINS.

I   II   III   IV   V

VI   VII   VIII   IX   X

SAINT-DENIS. — TYPOGRAPHIE DE PREVOT ET DROUARD,

SAINT-DENIS. — TYPOGRAPHIE DE PRÉVOT ET DROUARD.

www.ingramcontent.com/pod-product-compliance
Lightning Source LLC
LaVergne TN
LVHW021717080426
835510LV00010B/1008